Collection de M. L*** *[Cellord]*

DEUXIÈME PARTIE

ESTAMPES

ÉCOLE FRANÇAISE DU XVIIIᵉ SIÈCLE

VENTE

Les Mercredi 16, Jeudi 17 et Vendredi 18 Juin 1869

EXPOSITION PUBLIQUE

Le Mardi 15 Juin 1869

Mᵉ DELBERGUE-CORMONT, COMMISSAIRE-PRISEUR

Assisté de M. LOIZELET

PARIS — 1869

RENOU & MAULDE

Imprimeurs de la Compagnie des Commissaires-Priseurs

RUE DE RIVOLI, 144

Collection de M. L***

· DEUXIÈME PARTIE

CATALOGUE

DES

ESTAMPES

DE L'ÉCOLE FRANÇAISE DU XVIIIe SIÈCLE

D'APRÈS

Baudouin, Boucher, Fragonard, Freudeberg, Jeaurat, Lancret
Moreau jeune, Pater, Detroy, Watteau, etc.

PIÈCES EN COULEUR

PAR

BONNET, DEBUCOURT, DEMARTEAU, JANINET et autres

VUES ET VIGNETTES, PIÈCES HISTORIQUES

Scènes de mœurs, Costumes, Caricatures

LITHOGRAPHIES

DONT LA VENTE AUX ENCHÈRES AURA LIEU

HOTEL DES COMMISSAIRES-PRISEURS

RUE DROUOT, 5

SALLE N° 4, AU PREMIER ÉTAGE

Les Mercredi 16, Jeudi 17 et Vendredi 18 Juin 1869

A UNE HEURE

Me **DELBERGUE-CORMONT**, Commissaire-Priseur,
rue de Provence, 8,

Assisté de M. **LOIZELET**, Marchand d'Estampes,
rue Visconti, 15, au premier,

CHEZ LESQUELS SE DISTRIBUE LE CATALOGUE.

EXPOSITION PUBLIQUE le Mardi 15 Juin 1869

PARIS — 1869

ORDRE DES VACATIONS

PREMIÈRE VACATION
Mercredi 16 Juin 1869

Bonnet, Boucher, Demarteau .... N^{os}   1 à 235

DEUXIÈME VACATION
Jeudi 17 Juin 1869

Fragonard, Janinet, Lancret .... N°s 236 à 473

TROISIÈME VACATION
Vendredi 18 Juin 1869

Watteau, Pièces historiques .... N°s 474 à la fin.

EXPOSITION PUBLIQUE : le Mardi 15 Juin 1869

CONDITIONS DE LA VENTE

Elle sera faite au comptant.

Les Acquéreurs paieront CINQ POUR CENT en sus du prix d'adjudication.

M. LOIZELET, dirigeant la vente, se charge des commissions.

NOTA. — Les lots ne seront pas divisés.

DÉSIGNATION

DES

ESTAMPES

1 **Acteurs** ET **Actrices**. 25 portraits par divers.

2 **Alix** (*P.-M.*). Diderot. — Jean de la Bruyère. — Boileau Despréaux. 3 portraits en couleur.

3 — Dubus Préville. — Mlle Maillard. 2 p. en couleur.

4 **Allégories**, où sont représentés les portraits de Henri IV, Louis XIV, Louis XV, etc. 16 p.

5 **Anonyme**. Grand frontispice pour un Atlas. Belle composition.

6 **Aubert** (*L.*). Le Billet doux. — La Revendeuse à la toilette, par Cl. Duflos. 2 p. Très-belles ép.

7 **Aubry** (*Etienne*). Le Mariage rompu. — La Reconnaissance de Fonrose, par Delaunay. 2 p. en pendant.

8 — Première Leçon d'amitié fraternelle, par Delaunay. Très-belle ép.

9 **Aveline**, *sculpt*. Les Sens (manque l'Ouïe). 4 p. Très-belles ép.

1

10 Balko. L'agréable Lecture. — Le Précepteur
inutile, par ***. 2 p. en pendant. Très-belles ép.

11 Beaudouin. Le léger Vêtement, par Chevillet.
Très-belle ép. avant la lettre.

12 — Le Chemin de la fortune, par Voyez Major.
Très-belle ép.

13 — Le Midi. — La Nuit, par de Ghendt. 2 p.

14 — Le Catéchisme des demoiselles, par Moitte.
Très-belle ép.

15 Beaumont (*Ed. de*). Six pas caractéristiques.
Suite de 6 p. lithographiées.

16 Bénard. Repos de chasse, par Moitte. Très-
belle ép.

17 Benoist, *sculpt.* (*Antoine*). Différentes récréa-
tions. Suite de 4 p. Très-belles ép.

18 Bertaux. Le Charlatan françois. — Le Charlatan allemand, par Helman. 2 p. Ép. superbes
avant la dédicace.

18 bis Bibiéna. Décorations de fêtes théâtrales,
par Zucchi et Pfeffel. 6 p.

19 Boilly (*Louis*). La douce Impression de
l'harmonie. — Suite de la douce Impression de
l'harmonie, par J. Wolff. 2 p., noir et couleur.

20 — On la tire aujourd'hui. — Noir et couleur,
par Tresca. — La Comparaison des petits pieds.
— L'Amant favorisé, par Chaponnier. 4 p.

21 — La Cocarde nationale, par Aug. Legrand.
Belle ép.

22 — Le Cadeau, par Bonnefoy. Très-belle ép.
avant la lettre.

23 — Le Cadeau. — Qu'elle est gentille, par Bonnefoy. En couleur. 2 p.

24 — Le Sommeil trompeur. — Le Réveil prémédité, par Wolff. 2 p.

25 — La Serinette, par Honoré. Avant et avec la lettre. 2 p.

26 — Que n'y est-il encore ! — Avant la toilette, par Petit. 2 p.

27 — 1re et 11e scènes de Voleurs, par Gror. Noir et couleur. 4 p.

28 — Le Cadeau délicat. — La Douce résistance, par Tresca, 3 p. Noir et couleur.

29 — Honni soit qui mal y pense, par Bonnefoy. Avant et avec la lettre. — Ça a été. 3 p.

30 — Le Prélude de Nina. — Divers sujets avant la lettre. 5 p.

31 — Lithographies en noir et coloriées, 8 p.

32 **Bonnet**. Le Portrait chéri, d'après Challe, en couleur. Très-belle ép.

33 — L'Éventail cassé. — L'Amant écouté. 2 p. faisant pendant. En couleur.

34 — Le Déjeuner, d'après Baudouin. Très-belle ép. en couleur.

35 — Le Sommeil de Vénus. — Jeune Femme nue, assise sur un lit. Épreuves à plusieurs crayons sur papier bleu, une double à la sanguine. 3 p.

36 — Vénus et l'Amour sur un dauphin. — Vénus debout. 2 p. d'après Boucher, à plusieurs crayons sur papier bleu.

37 — Académies de femmes, d'après Lagrenée, Boucher, Huet, etc. 7 p. à la sanguine.

38 — Portrait de Mme de Pompadour, d'après Boucher; buste fort comme nature. En couleur.

39 **Bonnet et Marin**. L'Oiseau privé. — L'Après-midi. — The Welcome Necos. 3 p. en couleur.

40 **Borel**. L'Amour puni, par Avril. Superbe ép. avant toutes lettres et avant la draperie.

41 — Diane et Calisto. — Le Repos de Diane, par Bertélezi. 2 p.

42 — La Morale inutile. — Le Don intéressé, par Voysard. 2 p.

43 — Jeune Femme à sa toilette surprise par une autre femme habillée en homme, qui lui apporte une lettre. — Et pendant, par Giraud le jeune. 2 p. à l'état d'eau-forte.

44 — Vignettes pour illustrations diverses. 31 p.

45 **Bouchardon**. Les Cinq Sens, par Et. Fessard, etc. 9 p.

46 **Boucher**. La Courtisane amoureuse, par de Larmessin. Très-belle ép.

47 — Le Magnifique, par de Larmessin. Très-belle ép.

48 — Le Calendrier des vieillards, par de Larmessin. Très-belle ép.

49 — Le Fleuve Scamandre, par de Larmessin. 2 ép.

50 — L'Éducation du roy, par L. Cars. Ép. d'eau-forte. — La même terminée, avant la lettre. 2 p.

51 — Allégorie où sont représentés, dans des médaillons, les portraits de Henri IV, Louis XIII, Louis XIV et Louis XV, par Aug. de Saint-Aubin. Ép. d'eau-forte. — La même terminée. 2 p.

52 — La Marchande de modes, par Gaillard. 2 ép. — L'Aimable ménagère, par Duverbret. 3 p.

53 — L'École de l'amitié, par Delastre. Avant et avec la lettre. 2 p.

54 — Diane et Actéon, par P.-F. Tardieu. Avant la lettre. 2 ép. et une avec la lettre. 3 p.

55 — Danaé. Superbe ép. avant toutes lettres.

56 — Vénus se préparant pour le jugement de Pâris, par de Lorraine. Superbe ép. avant toutes lettres.

57 — La même pièce avec la lettre. Très-belle ép.

58 — La Bergère prévoyante, par Aliamet. Très-belle ép.

59 — Les Plaisirs de l'été, par J. Daullé. Très-belle ép.

60 — Vertumne et Pomone, par Aug. Saint-Aubin. Très-belle ép.

61 — La Rêveuse. A Paris, chez Beauvarlet. Très-belle ép.

62 — La Mort d'Adonis, par Surugue. Très-belle ép.

63 — Le Moineau apprivoisé, par R. Gaillard. Très-belle ép.

64 — Psyché refusant les honneurs divins, par Ph. Parizeau. Très-belle ép.

65 — Pan et Syrinx, par Pitre Martenasie. Superbe ép. avant toutes lettres. — La même, avec la lettre. 2 p.

66 — Diane et Calisto, par Gaillard. Très-belle ép. avant la lettre.

67 — L'Hymen et l'Amour. — L'Amour enchaîné par les Grâces, A Paris, chez Beauvarlet. 2 p.

68 — Les Charmes de la vie champêtre, par Daullé. Superbe ép. avant toutes lettres.

69 — Foire de Campagne, par Cochin fils.

70 — La Pêche, Beauvarlet *direxit*. Belle ép.

71 — Pensent-ils au Raisin? par J.-Ph. Lebas. Très-belle ép.

72 — La Fécondité, par R. Gaillard. Très-belle ép.

73 — Le Mariage de Psyché et de l'Amour. Superbe ép. avant toutes lettres.

74 — Vénus sur les eaux, grande et belle composition, gravée par Moitte. Superbe ép. Grandes marges.

75 — La même pièce. Très-belle ép.

76 — La Poésie pastorale. — La Poésie lyrique. — La Poésie satyrique. — La Poésie épique, par Cl. Duflos. Suite de 4 p.

77 — La Bouquetière galante. Avant la lettre. — L'aimable Villageoise, par Saint-Non. 2 p.

78 — Heureux augure. — Fécondité prédite, par Mlle Lingée. 2 p. Très-belles ép.

79 — L'Oiseau chéri. — La Coquette, par Daullé. 2 p.

80 — Têtes de fantaisie, par J.-G. Huquier le fils. Suite de 4 p. Très-belles ép.

81 — Second livre de sujets et pastorales, par Huquier, cahier B. 6 p.

82 — Quatrième livre, cahier D., par Huquier. 6 p.

83 — Le même cahier.

84 — La Toilette pastorale. — Les Confidences pastorales, par Cl. Duflos. 2 p. Très-belles ép.

85 — Vénus et l'Amour. — L'Amour et les Grâces, par Daullé. 5 p.

86 — *Ne cessons de craindre une belle*, par Michel Aubert. 2 ép. très-belles.

87 — Charmante pastorale, par Huquier. Avant toutes lettres.

88 — La Marchande d'œufs. — La Marchande d'oiseaux. — La Vendangeuse. — La Souffleuse de savon. Suite de 4 pièces, par Daullé. Très-belles ép.

89 — L'École domestique. — La Crêmière. — Le Château de cartes. — La Bergère laborieuse. Suite de 4 pièces, par Ingram et Liotard.

90 — Divers sujets d'enfants. 12 p.

91 — Sujets divers gravés à l'eau-forte, quelques-uns par des amateurs. 11 p.

92 — Différentes pastorales, par Huquier. 21 p.

93 — Pastorales diverses, par Cl. Duflos. 6 p.

94 — Eaux-fortes, par divers. 29 p.

95 — Sujets divers. 13 p.

96 — Études de Vénus. — Pastorales diverses. 19 p.

97 — Sujets divers. 12 p.

98 — Études de Vénus et sujets divers. 15 p.

99 — Sujets divers. 10 p.

100 — Vignettes et sujets divers. 19 p.

101 — Figures in-4 pour les comédies de Molière, par Lau. Cars. 11 p.

102 — Jouvenet, Largillière, etc. 6 portraits d'artistes.

103 **Boufflers** *et autres.* Portraits de Voltaire. — Le Lever du philosophe de Ferney. — Le Déjeuner de Ferney. — Voltaire aux Enfers, etc. 11 p.

104 **Canot** (*Ph.*). Le Maître de danse, par Lebas. Très-belle ép.

105 **Caresme** (*Ph.*). Honny soit qui mal y pense. par Hubert. Superbe ép. avant la lettre.

106 — Honny soit qui mal y pense. — Honny soit qui mal y voit, par Hubert. 2 p. en pendant. Très-belles ép.

107 — Bacchanale. Jolie pièce avant la lettre.

108 — Bacchanales. 3 p. à l'aqua-tinta.

109 **Carlevariis.** Vues de Venise. Suite de 102 p. numérotées.

110 **Carmontelle** (*L.-C. de*). Pas de deux, exécuté par M. Dauberval et Mlle Allard. 2 ép. avec différences dans le titre.

111 **Challe.** Le Panier renversé, par E. Buisson. Superbe ép. avant toutes lettres.

112 — Les Amants trahis par leurs ombres. — Le Bouquet impromptu, etc. 4 p.

113 **Chardin**. Le Benedicite, par Lépicié. Superbe
ép.

114 — Les Amusements de la vie privée, par Surugue. Superbe ép.

115 **Charpentier**. L'Emplette inutile. — Les petits Voleurs, par N. Delaunay et Mme Lefort. 2 p.
Très-belles ép.

116 **Charpentier** (*A Paris, chez*). L'aimable Dan-
seuse. — Le Buveur enjoué. 2 p.

117 **Chereau** (*A Paris, chez*). Le Matin. *On devine à
votre air, belle voluptueuse.* Pièce gracieuse.

118 **Chéreau** (*A Paris, chez la Ve*). Le Financier.
— Le Petit Maître. 2 charmantes compositions
gravées d'une pointe spirituelle, sans noms
d'artistes.

119 **Chevallier**. Le Peintre amoureux de son mo-
dèle, par J.-B. Michel. Pièce curieuse pour les
costumes.

120 **Choffard**, *sculpt*. Plans et élévations de la
place de Louis XV à Rheims. 3 p.

121 — Fleurons pour les métamorphoses d'Ovide.
8 p. tirées hors texte.

122 **Cochin** (*C.-N.*). Mlle Lecouteux du Moley, par
Nicollet, charmant petit portrait dans un mé-
daillon entouré d'amours et de figures allégoriques, représentant la Musique et la Peinture.

123 — Allégories représentant Louis XVI et Marie-
Antoinette, par Delongueil. 2 p. Très-belles ép.
avant l'année et l'adresse de Basan.

124 — Les mêmes pièces, avec l'année et l'adresse
de Basan.

125 — Le duc d'Orléans, père de Philippe-Égalité, par Aug. de Saint-Aubin. Très-belle ép. avant la lettre.

126 — Concours pour le prix de l'étude de Têtes et de l'expression, par J.-J. Flipart. Belle ép.

127 — Les Parties du jour, jolie suite de 4 pièces, par Cl. Gallimard et Fillœul. Très-belles ép.

128 — Le Chanteur de Cantiques. — La charmante Catin. — Le Génie du dessin. — Le Tailleur pour femme. — L'Ouvrière en dentelle, etc. 10 p.

129 — Les quatre Ages. — Le Château de cartes. — Le Camouflet. 7 p.

130 — Vignettes in-4 pour Roland furieux. Suite complète de 46 p. avant la lettre.

131 — Portraits de sculpteurs. — Peintres. — Architectes. — Compositeurs, etc. 80 p.

132 — Vignettes pour illustrations diverses. 178 p.

133 **Corrège** (*D'après*). Jupiter et Anthiope. Très-belle ép. avant la lettre.

134 **Cosway** (*R.*). Mrs Jackson. — Maria Cosway. — Mrs Fitzherbert, etc. 10 p.

135 **Courtin** (*Jacques*). Le Jeu de bilboquet. — Les Jeux naïfs. — L'Amant complaisant. — Le Hanneton, etc. 28 p.

136 **Coypel** (*Charles*). Figures pour Don Quichotte, par divers. 19 p.

137 — Suite d'Estampes des principaux sujets des comédies de Molière, gravé par F. Joullain. 6 p. Complet.

138 — Feuilles détachées de cette suite. 5 p.

139 — L'Amour de village ou l'Amour naif. — L'Alliance de Bacchus et de Vénus, etc. 8 p.

140 — Sujets mythologiques, par N. Tardieu. 20 p.

141 **Coypel** (*Antoine-Charles et Nicolas*). Triomphe de Vénus. — Clitie changée en Tournesol. — Renaud et Armide, etc. 26 p.

142 **Crépy** (*A Paris, chez*). Laquelle des deux aura la pomme. — La belle jambe de Lisette. 2 p.

143 **Darcis**. Jeune Femme jouant avec un chat. En bistre, avant la lettre.

144 **Davesne**. Les Prunes. Très-belle ép. En couleur.

145 **Debare**. Route du monde, par Laurent. Très-belle ép.

146 **Debucourt**. L'Oiseau privé. Gravé au pinceau, en couleur.

147 — La même, en noir.

148 — La Rose mal défendue. Très-belle ép. en noir.

149 — Les Visites. Superbe ép. Très-rare, en couleur.

150 — Que vas-tu faire? Très-belle ép. en noir.

151 — Les Bouquets ou la fête de la grand'maman. Très-belle ép. en couleur. Grandes marges.

152 — Le Menuet de la mariée. — La Noce au château; cette dernière, superbe d'épreuve et de condition. 2 p. en couleur.

153 — Anglais en habit habillé. — Les Gastronomes sans argent, d'après C. Vernet. 2 p. en noir.

154 — Les deux Baisers. Charmante pièce en couleur; le titre coupé.

155 — L'Oiseau ranimé. Très-belle et rare ép. en
couleur, rognée au trait carré.

156 — Les Courses du matin. Très-belle ép. en
noir.

157 — La jeune Femme. — La Coquette et ses filles.
— Les Galants surannés. 3 p. en noir.

158 — Le Tailleur. En noir.

159 — La Femme et le Mari. En noir.

160 — La Manie de la danse. En noir.

161 **Delatour**. Marie de la Fontaine Solare de la
Boissière, par Petit. Très-belle ép. d'un portrait,
petit in-fol.

162 **Demarteau**. Les trois Bacchantes ivres, d'a-
près Boucher, à la sanguine. Très-belle ép.

163 — Le Château de cartes. — La Poupée, d'après
Courtois. 2 p. à la sanguine.

164 — Les Saisons, d'après Lebarbier. Suite de 4 p.
à la sanguine.

165 — C'est la fille à Simonnette. — L'Autel de
l'amitié, et autres. 6 p., d'après Boucher, à la
sanguine.

166 — Têtes de jeunes Femmes, d'après Huet. 3 p.
en couleur.

167 — Pastorales, d'après Huet. En couleur. 2 p.
Très-belles ép.

168 — Têtes de Femmes, d'après Boucher, Courtois,
Leclerc. 9 p. a la sanguine.

169 — Sujets divers, d'après Boucher. 14 p. en
noir.

170 — Sujets divers, d'après Boucher, Huet, Cochin, etc. 13 p.

171 — Pastorales et autres. 8 p. à plusieurs crayons d'après Boucher.

172 — Têtes de Femmes, d'après Boucher. 27 p. à la sanguine.

173 — Croquis divers, d'après Boucher. 14 p. à la sanguine.

174 — Ninette. — Offrande sincère, et autres. 6 p. à la sanguine.

175 — Pastorales diverses, d'après Boucher. 6 p. à la sanguine.

176 — Têtes de Femmes à plusieurs crayons, d'après Boucher. 13 p.

177 — Divers sujets d'Enfants, d'après Boucher, à plusieurs crayons. 6 p.

178 — Motifs et sujets divers, d'après Boucher. A la sanguine. 7 p.

179 — Vénus appuyée sur une colonne; elle tient un cœur de la main gauche, etc. 4 p., d'après Boucher. A la sanguine.

180 — Divers sujets d'Enfants, d'après Boucher. A la sanguine. 8 p.

181 — Divers sujets d'Enfants, d'après Boucher. A la sanguine. 6 pièces.

182 — Bergère appuyée sur un disque, et autres. 3 p. à la sanguine, d'après Boucher.

183 — Le Réveil d'Annette. — L'Autel de l'amitié, etc. 3 pièces, d'après Boucher. A la sanguine.

184 — La Dormeuse et autres. 4 pièces d'après Boucher. A la sanguine.

185 — Vénus dans différentes attitudes. 4 p. d'après Boucher. A la sanguine.

186 **Demarteau et Bonnet**. Le Réveil de Vénus. — L'Amour prie Vénus de lui rendre ses armes, etc. 4 p. aux divers crayons et à la sanguine.

187 **Denon** (*Vivant*). Enfant monté sur un chien. Très-belle ép. avant la lettre.

188 **Deny** (*A Paris, chez*). Le Verrou.— Les Regrets inutiles. 2 p. en pendant.

189 **Descamps** (*J.-B.*). Le Négociant, par Lebas. Très-belle ép.

190 **Desfossés**. La Reine annonçant à Mᵐᵉ de Bellegarde, des juges et la liberté de son mari, par J. Duclos. Très-belle ép. avant la lettre.

191 **Deshayes**. La Résistance, par Nicollet. Très-belle ép.

192 **Desrais**. Sujets divers. 15 p.

193 **Detroy**. La Gouvernante fidèle, par C.-N. Cochin. Très-belle ép.

194 — Jupiter et Calisto. — Jupiter et Léda, par E. Fessard. 2 p. Très-belles ép.

195 — L'Ornement de l'esprit et du corps. — L'Aimable accord, etc. 4 p.

196 **Devéria**. Actrices des principaux théâtres de Paris. 6 lithographies.

197 **Divers**. Renaud et Armide. — Apollon et Daphné. — La Comparaison, etc. 6 p. avant la lettre.

198 — L'Amour en cage. — La Couturière. — Les Saisons, etc. 15 p.

199 — Bacchante se préparant à un sacrifice. — L'Espoir du retour. — L'Amant curieux. — Philosophe moderne, etc. 10 p.

200 — Le Faucon. — Frère Luce. — Le petit Favori. — La Tourterelle chérie. — La belle Dormeuse. — Le jeune Eveillé, etc. 19 p.

201 — Louis XV. — Marie Leczinska. — Louis XVI. — Marie-Antoinette. 11 portraits.

202 — Rabaut Saint-Etienne. — Houbraken, etc. 5 beaux portraits in-fol. avant la lettre.

203 — La Tricherie reconnue. — Les Ramiers. — La Triple ivresse. — Le Double engagement, etc. 14 p.

204 — Vignettes. — Fleurons. — Culs-de-lampe, etc. 182 p.

205 **Dominiquin** (*Le*). Le Triomphe de Galathée, par Blanchard. Très-belle ép.

206 **Dubufe** (*Edouard*). Louis-Philippe Ier. — Marie-Amélie, par J. Thompson. 2 p. Très-belle ép.

207 **Duclos** (*A.-J.*). Le Délire. — Le Bouquet déchiré, par Deny. 2 charmantes p. gracieuses.

208 **Dugoure**. Le Lever de la mariée, par Ph. Trière. Très-belle ép.

209 **Duménil**. Les Sens. Suite de 5 p. Très-belles ép., par divers.

210 **Duplessis-Bertaux**. Cris de Paris. Suite de 12 p.

211 — Pièces de Comédie. Avant et avec la lettre. 26 p.

212 — Contes de La Fontaine. 59 vignettes avant et avec la lettre.

213 **Dupont** (*Henriquel*). Le duc de Nemours. Superbe ép. avant la lettre, chine.

214 — La même. Papier blanc.

215 — Le duc d'Orléans, d'après Eug. Lami. Très-belle ép. chine avant la lettre.

216 — Louis-Philippe Ier, roi des Français, d'après F. Gérard. Très-belle ép.

217 **Dutailly**. L'Admiration de l'antique, par Prot. Très-belle ép. en couleur.

218 **Earlom** (*Richard*). Le Jugement de Pâris, d'après Luca Giordano. Très-belle ép.

219 **Edelink**. Bossuet, d'après Rigaud. Très-belle ép.

220 — Les Hommes illustres de Perrault. 17 p.

221 **Eisen**. Le Jour, par Patras. Très-belle ép.

222 — Vignettes détachées pour les Métamorphoses d'Ovide. Avant et avec la lettre. 66 p.

223 — Vignettes pour illustrations. Pièces détachées de plusieurs suites. 73 p.

224 **Espinasse** (*Le chevalier de L'*). Vues de Paris par Berthaut. 8 p.

225 **Falda** (*Gio-Batta*). Vues de Rome. 34 p.

226 **Fenouil**. Mlle Sallé, la Terpsicore françoise, par Petit. Belle épreuve d'un portrait petit in-fol.

227 **Ferté** (*De La*). Vue du petit Château de Choisy-le-Roy, du côté de la cour et du côté du jardin. 2 p.

228 **Ficquet**. Pierre Corneille, d'ap. Charles Lebrun. Belle ép.

229 — De La Mothe Fénelon, d'après Vivien. Très-belle ép.

230. — Jean de La Fontaine, d'après Hyacinthe Rigault. Très-belle ép. avec le ruisseau blanc.

231 — Le même portrait, le ruisseau travaillé.

232 — Michel Montaigne, d'après Dumoustier. Très-belle ép.

233 — Poquelin de Molière, d'ap. Coypel. Très-belle ép.

234 — Voltaire d'après De la Tour. — Mme de Maintenon, d'après Mignard. 2 p.

235 **Flinck**. Alexandre vainqueur de soi-même, par J.-G. Müller. Très-belle ép.

236 **Fragonard**. La Bascule. — Le Colin-Maillard, par Beauvarlet. Deux pièces en pendant.

237 — Les Hasards heureux de l'Escarpolettes, par Delaunay. Superbe ép. avec la faute.

238 — Annette à l'âge de quinze ans. — Annette à l'âge de vingt ans, par Godefroy. 2 p. en pendant.

239 — Dites-donc s'il vous plaît! par Delaunay, très-belle ép.

240 — Le Chiffre d'amour, par Delaunay. Très-belle ép.

241 — (*Par et d'après*). Sujets divers. 10 p.

242 **Freudeberg** (*S.*) :

    1. Le Lever, par Romanet.

    2. Le Bain, par Romanet.

    3. La Toilette, par Voyez l'aîné.

4. L'Occupation, par Lingée.

5. La Visite inattendue, par Voyez l'aîné.

6. La Promenade du matin, par Lingée.

7. Le Boudoir, par P. Maleuvre.

8. Les Confidences, par Lingée.

9. La Promenade du soir, par Ingouf jeune.

10. La Soirée d'hiver, par Ingouf jeune.

11. L'Évènement au bal, par Duclos Ingouf.

12. Le Coucher, par Duclos et Bosse.

Cette série de 12 pièces numérotées fait partie du Costume physique et moral au xviiie siècle, par J.-M. Moreau le jeune.

243 — L'heureuse Union, par Bosse. Très-belle ép.

244 — Vignettes pour les Contes de la Reine de Navarre. 76 p.

245 **Gavarni**. D'après nature, 29 p. — Physionomies parisiennes, 27 p. — Masques et Visages. 113 p. — Les Lorettes, 30 p. — Fourberies de Femmes, 23 pièces. — Les Débardeurs, 12 p. — Les Artistes, 15 p. — Défaits, 50 p. — En tout, 299 p.

246 **Gérard** (*François*). Napoléon le Grand, par Auguste Boucher-Desnoyers, sup. ép. avec le cachet.

247 **Gérard** (Mlle). Le Triomphe de Minette. Très-belle ép.

248 **Gessner** (*Salomon*) et autres. Vignettes anciennes et modernes, 16 p.

249 **Grangeret**. Le Réveil tardif. — La Vengeance des Nymphes, par de Monchy. 2 p.

250 **Gravelot**. Figures in-4 pour le théâtre de Voltaire. Suite complète de 32 pièces.

251 — Les Amours de Mirtil. Suite de 4 pièces in-8.

252 — Figures in-12 pour le Décaméron de Boccace. 88 p. avant et avec la lettre.

253 — Figures in-8 pour les Deux Avares. 6 p.

254 — Figures in-8 pour les tragédies de Corneille, suite complète de 35 p.

255 — Figures in-8, avant la lettre, pour le théâtre de Racine, suite complète de 12 p.

256 — Vignettes pour illustrations. 136 p.

257 **Greuze** (*J.-B.*). La Malédiction paternelle. — Le Fils puni. Deux charmantes petites pièces gravées de mémoire, superbes ép.

258 — Serena. — La petite Mère. — La petite Jeannette. — La jeune Nourrice, etc. 14 p.

257 **Grimou**. L'Espagnol. — Le double Portrait. — La fausse Apparence, etc. 9 p.

260 **Heilmann**. Le bon Exemple. — Mademoiselle sa Sœur, par Chevillet, 2 pièces en pendant. Très-belles ép.

261 **Hersent**. Contes de La Fontaine. 12 pièces lithographiées.

262 **Huet**. Diane et Endymion, par L'Éveillé. — Le Triomphe de Galathée, par Bonnet. 2 pièces en couleur.

263 — Le Goûter champêtre. — Procris tué d'un coup de flèche, par Céphale, etc. 5 pièces en couleur.

264 — Et autres. Offrande à l'Espérance. — Diane et Endymion. — Les premiers Aveux, etc. 6 p. en couleur.

265 — Le Printemps. — L'Automne, avant la lettre. — L'Eté, avec la lettre. 3 pièces, par Liger, en cou leur.

266 — Les belles Vendangeuses. — Le Départ d'une foire, etc. 6 p. en couleur.

267 — Sujets divers, Animaux, Paysages. 18 p.

268 — Le Serpent sous les fleurs. — La feinte Résistance, par Patas, avant et avec la lettre. 5 p.

269 — Les Saisons, suite de quatre sujets d'enfants, par Voysard. Très-belles ép.

270 **Huet** (*C.*). Nouveau livre de singes, gravé par Fillœul. 7 p.

271 **Ingouf** (*l'aîné*). Zémire et Azor, gravé par son frère. Très-belle ép.

272 **Janinet**. Vues de Paris, noir et couleur. 17 p.

273 — Vénus et l'Amour, d'après Boucher, en couleur. 2 p.

274 — Bachante endormie, d'ap. Caresme, en couleur.

275 — Vénus sur un lit de repos, d'après Charlier, en couleur.

276 — Le Culte systématique, avant la lettre. — Bacchus préside à la fête, d'ap. Caresme. 2 p. en couleur.

277 — La Toilette de Vénus, d'après Boucher, en couleur. Très-belle ép. rognée au trait carré.

278 — L'agréable Négligé, d'après Baudouin, — Vénus à la colombe, d'après Lebarbier. 2 p. en couleur. Très-belles ép.

279 — Jeune Couple se tenant embrassé. — Jeunes Filles les mains entrelacées. 2 p. faisant pendant, en couleur.

280 — L'Indiscrétion, d'après Lawrince. Très-belle ép. en couleur.

281 — L'Aveu difficile, d'ap. Lawrince. Très-belle ép. en couleur.

282 — La Comparaison, d'ap. Lawrince. Très-belle ép. en couleur.

283 — La Fête de Village. — Le Repas des Moissonneurs. 2 charmantes compositions en couleur.

284 **Janinet** (*Manière de*). Jeune Femme à sa toilette, se réjouissant de l'arrivée de son amant. Jolie petite pièce au bistre et à la sanguine.

285 **Jeaurat**. Le joli Dormir, par Claire Tournay, femme Tardieu. Très-belle ép.

286 — L'Éplucheuse de salade, par Beauvarlet. — La Couturière, par Baléchou. 2 pièces.

287 — Le Mari jaloux, par Baléchou. Très-belle ép.

288 — Les Citrons de Javotte, par C. Levasseur. Très-belle ép.

289 — L'Exemple des Mères, par Lucas. Très-belle ép.

290 — L'Accouchée, par Lépicié. Très-belle ép.

291 — Les Parties du Jour, suite de quatre pièces gravées par Baléchou

292 — Fables de La Fontaine, par son frère. 10 p.

293 — Sujets divers. 14 p.

294 — L'Amour coquet. — L'Amour petit maître, par son frère. 2 pièces en pendant.

295 **Joullain**. Histoire du théâtre italien. 17 p.

296 **Jouvenet**. La Vengeance de Latone, par J. Daullé. Très-belle ép. avant la lettre.

297 **Kauffman** et **Cipriani** (*Angelica*). 27 pièces par divers, en couleur.

298 — 50 pièces à la sanguine.

299 — 52 pièces, noir et bistre.

300 **Lagrenée**. La Peinture. — La Sculpture, par Dennel. 2 pièces avant toutes lettres. Très-belles ép.

301 — Education de l'Amour. — La Tourterelle. — Le Chant, etc. 6 p.

302 **Lajoue**. L'Histoire. — La Botanique. — L'Astronomie. — La Sculpture, par C.-N. Cochin. 4 p.

303 **Lallemand**. Voyage pittoresque de la France, de Delaborde. 429 planches avant et avec la lettre.

304 **Lancret** (*Nicolas*). La Servante justifiée, par De Larmessin.

305 — La Coquette de village, par De Larmessin.

306 — Les Deux Amis, par De Larmessin.

307 — A Femme avare galant Escroc, par De Larmessin.

308 — Le Gascon puni, par de Larmessin.

309 — Le Villageois qui cherche son veau, par De Lamersin.

310 — Nicaise, par G.-F. Schmidt. 2 épreuves.
   (Ces 7 pièces sont très-belles d'épreuves.)

311 — Le Jeu de Pied de Bœuf. — Les Amours du
Bocage, par De Larmessin, 2 p. Belles ép.

312 — Le Maître galant, par J.-P. Lebas. Très-belle
ép.

313 — Récréation champêtre, par Joullain. Belle
ép.

314 — Conversation galante, par J.-P. Lebas. Très-
belle ép.

315 — Le Berger indécis, par J. Tardieu. Très-belle
ép.

316 — Le Concert pastoral. — Les Agréments de la
Campagne, par E. Joullain, 2 p. Belles ép.

317 — La Musique champêtre, par St Fessard. Très-
belle ép.

318 — Le Philosophe marié, par C. Dupuis. Très-
belle ép.

319 — L'Occasion fortunée, par G. Scotin. Très-
belle ép.

320 — Le Théâtre italien, par G.-F. Schmidt.
Très-belle ép.

321 — *Par une tendre Chansonnette. — Dans cette aimable Solitude*, par C.-N. Cochin. 2 p. Très-belle-
ép.

322 — *Veux-tu d'une inhumaine emporter la tendresse,
— Que le cœur d'un Amant est sujet à changer, —
D'un baiser que Tircis caché dans ces beaux lieux*,
par Suzanne Silvestre. 3 p. Très-belles ép.

323 — *Quoi! n'avoir pour vous trois qu'une seule bou-
teille*, par M. Horthemels. Très-belle ép. avant les
noms d'artistes.

324 — Les gentilles Baigneuses, par Moitte. Très-belle ép.

325 — Partie de Plaisirs, par Moitte. Belle ép.

326 — Le Repas italien, par J. P. Lebas. Superbe ép.

327 — Grandval, par J.-P. Lebas. Très-belle ép.

328 — Mlle Camargo, par L. Cars. Très-belle ép.

329 — Les Éléments, par C.-N. Cochin, N. Tardieu, L. Desplaces, B. Audran, suite de 4 pièces en hauteur. Très-belles ép.

330 — Les Parties du Jour, par De Larmessin, suite de 4 pièces en travers. Très-belles ép.

331 — Les Saisons, par De Larmessin, suite de 4 pièces en travers. Très-belles ép.

332 — Les Saisons, par B. Audran, G. Scotin, N. Tardieu, J.-P. Lebas, suite de 4 pièces en hauteur. Très-belles ép.

333 **Lang** (*B.*). Le Repos agréable. — L'Amant dangereux. — L'heureux Tête-à-tête. — La Bergère couronnée, par Demouchy, suite de 4 p.

334 **Lawrence** (*Thomas*). Miss Croker, — Élisabeth, — Countess Grosvenor, etc. 5 p. avant et avec la lettre.

335 **Lawrince**. Le Déjeuner anglais, par Vidal. Très-belle ép.

336 — Le Billet doux. — Qu'en dit l'Abbé. 2 p. en pendant. Très-belles ép.

337 — Les Soins mérités, par Delaunay. Très-belle ép.

338 — Le Lever des ouvrières en modes, par Dequevauvillier. Très-belle ép. avant la dédicace.

339 — Les Apprets du ballet, par Tresca. Très-belle
ép.

340 — La Consolation de l'absence, par Delaunay.
Superbe ép. avant la dédicace.

341 **Lebarbier**. La Prudence en défaut. — Le
Mari dupe et content, par Patas. 2 p. en pendant. Très-belles ép.

342 — Vignettes in-4, par Gessner. 21 p.

343 — Vignettes pour J.-J. Rousseau, avant la lettre.
5 p.

344 **Lebas** (*J.-P.*). Recueil de divers griffonnements
et épreuves d'eau-forte. Suite de 9 pièces.

345 **Lebrun**. L'École de l'Amour. — Le Maître de
musique. — Le Bouquet galant. — La Surprise
amoureuse, par Chatelain, Coquerel, Dembrun
et Lebeau. 4 pièces.

346 — Les Désirs accomplis. — L'Intrigue décou-
verte, etc. 5 pièces.

347 **Lecœur**. Une Promesse?... Ah! laissez-donc.
— Néant à la requête. 2 p. à l'aqua-tinta, faisant
pendant.

348 **Leclerc**. Vie de l'Enfant prodigue, par divers.
Suite de 6 p. Très-belles ép.

349 — L'Hermite en queste. — L'Abbé en conqueste.
A Paris, chez Bonnart. 2 p. Très-belles ép.

350 — La Partie de bain interrompue. — Ah! du
moins épargnez mes ailes, par de Mouchy et
Deny. 2 p.

351 **Legrand** (*A Paris, chez Augustin*). Le joli Chien,
pièce gracieuse.

352 **Lepeintre**. Philippe d'Orléans et sa famille, par Aug. de Saint-Aubin. Très-belle ép., avant la lettre.

353 — Le Danger de la bascule. — La Tricherie reconnue, par De Mouchy. 2 p. en pendant. Très-belles ép.

354 **Lépicié** (*sculp.*). Catherine de Seine. — Charlotte Desmares. Deux beaux portraits in-fol. Très-belles ép.

355 **Lesueur**. Le Rendez-vous à la fontaine, par Louvion, avant et avec la dédicace. 2 p.

356 **Levaillé**. La Bascule, d'ap. Borel, en couleur.

357 **Léveillé**. *Ætatis Aureæ Typus*, d'ap. Lebarbier, ép. avant la lettre, en couleur.

358 **Lunaud**. Cahier de quatre pastorales, par Baquoi fils. Très-belles ép.

359 **Mallet**. Chit, chit!..., par Copia. Très-belle épreuve.

360 — Les Jeux de l'Amour. — Le Déjeuner de Fanfan, etc. 6 p. noir et couleur.

361 **Marillier**. Vignettes détachées de différentes suites. 54 p.

362 — Lebarbier, Monsiau et Monnet, vignettes in-4, avant la lettre, grand papier pour la Pucelle de Voltaire. Suite complète de 22 pièces.

363 — La même suite avec la lettre.

364 **Marillier, Huet, Gravelot**. Fleurons avant la lettre, sur grand papier. 11 p.

365 **Marin**. Tête de Femme, d'ap. Leclerc, jolie pièce, couleur et or.

366 — The fine Musetioners, d'après Raoux. Couleur et or.

367 **Marot** (*F.*). Acis et Galathée. — Angélique et Médor. — Vertumne et Pomone, par Audran, Moireau et Chereau. 3 p.

368 **Martinet**. Le Prix de la beauté ou les Couronnes, pastorale en 3 actes et un prologue. Suite de 5 pièces, titre compris.

369 — Vignettes et sujets divers. 29 p.

370 **Martinet** (*Thérèse*). Vignettes in-8, pour le théâtre. 70 p.

371 **Mignard**. Anne de Gonzague. — Marie-Antoinette. — Marie Leczinska, etc. 6 portraits par divers.

372 **Moitte**. La Surprise agréable, par Vidal, avant et avec la lettre. 2 p.

373 **Mondon**. Les Parties du Jour, suite de 4 pièces gravées par Aveline. — L'Après-Dîner, en double, avant la lettre. 5 p.

374 — Le Bal enfantin. — Les jeunes Chasseurs, par Dupin. 2 p.

375 **Monnet**. Jupiter et Io, par Vidal. Superbe ép. avant la lettre et avant le nuage.

376 — Deux Amants sur un lit. Très-belle ép., avant la lettre et la draperie.

377 — Salmacis et Hermaphrodite, par Vidal. Très-belle ép. avant la lettre.

378 — Figures in-8 pour les romans et contes de Voltaire, avant la lettre. Suite complète de 58 p.

379 — Figures in-8 pour la Dunciade. Suite complète de 10 p.

380 — Vignettes pour Télémaque. 15 p.

381 **Monnet** et **Saint-Quentin.** Les Vœux du peuple confirmés par la religion. — Les Garants de la félicité publique, par Née et Masquelier. 2 p. Très-belles ép.

382 **Monnet, Marillier, Moitte.** La Récompense inattendue. — Les Desirs réciproques, etc. 5 p., dont 3 avant la lettre.

383 **Monsiau.** Vignettes in-4, pour J.-J. Rousseau. 22 p. avant la lettre.

384 **Montagu.** Vues de Rome. 40 p.

385 **Montpensier** (*Duchesse de*). Marguerite de Lorraine. — Mme de Grignan, etc. 7 portraits de femmes.

386 **Moreau.** Vignettes in-4 avant la lettre, pour Psyché. Suite complète de 8 pièces, y compris le portrait.

387 — Vignettes in-4, pour la Henriade de Voltaire. 12 p. Suite complète.

388 — Pygmalion, scène lyrique de M. J.-J. Rousseau, mise en vers par M. Berquin, le texte gravé par Droüet. Paris, 1775. Manque le titre.

389 — Vignettes pour J.-J. Rousseau. 18 p.

390 **Mouchet.** La Méprise. — La Surprise, par Macret et Anselin. 2 p.

391 **Mouchet** (*A Paris, chez*). L'Illusion. Très-belle ép.

392 **Muller** (Ch^s L^s). Napoléon III, par Aug. Blanchard. Très-belle ép. avant la lettre.

393 **Nattier** (*J.-M.*). La Force (Mme de Châteauroux), par Balechou. Très-belle ép.

394 — Mme de *** en Flore, par Voyez le jeune. Très-
belle ép.

395 — La Nuit passe, l'Aurore paraît, par Maleuvre.
Très-belle ép.

396 — Le Triomphe de Galathée, par Henriquez.
Sup. ép. avant la lettre.

397 — Le chaste Joseph, par Beauvarlet. Très-
belle ép.

398 **Octavien** (*F.*). *Ce dangereux Abbé promène en
tapinois*, par Thevenard. Jolie composition,
d'une pièce rare.

399 **Ornements** par divers. 13 p.

400 **Oudry**. Fables de La Fontaine. 48 p. avant
et avec la lettre.

401 **Pasta** (Mme), d'après Paul Delaroche. Le
Chapeau de velours, etc. 5 portraits à la manière
noire.

402 **Pater**. La Courtisane amoureuse, par Fillœul.
Très-belle ép.

403 — Le Baiser donné, — le Baiser rendu, par
Fillœul. 2 p., très-belles ép.

404 — Le Glouton, par Fillœul. Très-belle ép.

405 — Les Plaisirs de l'été, — le Désir de plaire,
par L. Surugue. 2 p., très-belles ép.

406 — L'Aimable entrevue, par J. Tardieu. Très-
belle ép.

407 — Marche comique. — L'Orchestre de village,
par Ravenet. 2 p., très-belles ép.

408 — L'Essay du bain, par Voyez. Très-belle ép.

409 — Le Dénicheur de moineaux, — l'Officier galant, le Bain, etc. 4 p.

410 **Pérelle.** Vues de Paris. 37 p. sur 33 feuilles. *A Paris, chez Langlois*, plusieurs avant la lettre.

411 — Vues des environs de Paris. 55 p. sur 47 feuilles.

412 — Vues de Versailles. 33 p. sur 31 feuilles.

413 — Vues de Versailles doubles. 15 p.

414 — Vues de Chantilly. 41 p. sur 26 feuilles.

415 — Vues diverses. 17 p. sur 14 feuilles.

416 **Petitot** (*E.-A.*). Vues des bosquets d'Arcadie, par Giov. Volpato. 2 pièces en pendant. Très-belles ép.

417 **Picart** (*Bernard*). Vignettes, Dessus de tabatières, etc. 112 p.

418 — Vignettes allégoriques, arabesques, etc. 44 p.

419 **Pierre** (*J.-M.*). Léda, par N. Delaunay. Très-belle ép.

420 **Piranesi.** Vues de Rome. 20 p.

421 **Portraits** divers de personnages marquants. hommes et femmes. 88 p.

422 **Prudhon.** Vignettes in-8 pour la Nouvelle-Héloïse. Suite complète de 6 pièces.

423 — Vignettes in-4 pour Gentil-Bernard, suite complète de 4 pièces, très-belles ép., lettre grise.

424 — Vignettes in-4 pour Daphnis et Chloé. 3 p. avant la lettre.

425 — Le premier Baiser de l'Amour. — Daphnis et Chloé. — Aminta. — Phrosine et Mélidor, etc. 12 p.

426 — La Volupté. Très-belle ép. avant la lettre.

427 **Quéverdo**. Le Repos, par Dambrun. — La Jouissance, par Martine. 2 p.

428 — Le Prélude, par Droyer. — L'Amoureux, par Châtelain. 2 charmantes pièces, très-belles ép.

429 — Céphise surprise près du bain, par Patas.

430 — Le Déserteur. 5 pièces, par Dambrun, Châtelain, Duhamel.

431 — Vignettes in-4 pour la Henriade de Voltaire. 8 p.

432 — Vignettes et sujets divers. 32 p.

433 **Reynolds** (*Sir Joshua*). A Bacchante, — Simplicity, — Miss Bingham, — Countess Spencer. 4 p. en couleur.

434 — Lady Mary Campbell, — lady Charlotte Fitz-William, etc. 6 p. à la manière noire.

435 — Angelica Kauffmann, par Bartolozzi et Morace. 2 portraits.

436 **Reynolds** *et* **Mercier**. Portraits de femmes. en couleur et à la manière noire. 4 p.

437 **Renaud** *et* **C. P. M**. L'Amour en gayeté. — Le Sommeil agréable, par C.-F. Letellier. — Vénus et les Grâces au bain. — Repos de Diane. par L.-J.-B. 4 pièces.

438 **Rigaud** (*Hyacinthe*). Louis le Grand, par Drevet. Très-belle ép. doublée.

439 **Rigaud** (J.). Vues de Palais, Châteaux et Maisons royales de Paris et des environs. 76 p. dont 37 avant les numéros.

440 **Romain** (Jules). Vénus et l'Amour, par C.-G. Schultze. Très-belle ép.

441 — La même pièce.

442 **Rosalba** (*La*). Les quatre Saisons, petits sujets, etc. 16 p.

443 **Saint-Aubin** (*Aug. de*). Petits Costumes, suite de 6 pièces, belles ép.

444 **Saint-Non**. La petite Charrière en couches. Très-belle ép.

445 — Fac-simile à l'aqua-tinta d'après Boucher, Hubert-Robert, etc. 7 p.

446 **Saint-Quentin**. Vignettes in-8 pour le Mariage du Figaro, par Liénard, Halbou, Lingé. Suite complète de 5 pièces.

447 — La même suite, par Malapeau. Manque la planche v.

448 **Santerre**. Têtes de femmes, de fantaisie. 8 p.

449 **Savart**. Colbert, d'ap. Champaigne. Très-belle ép. avec l'adresse : barrière Fontarabie.

450 — Jean Racine, d'ap. J.-B. Santerre. Très-belle ép. avec l'adresse : barrière Fontarabie.

451 — Nicolas Boileau Despréaux, d'après H. Rigaud. 2 épreuves.

452 **Schenau** *sculp*. Achetter mes pettites Eau forttes. suite de 6 pièces et autres. 9 p.

453 **Schmidt** (*J.-G.-F.*). Divers sujets gravés à l'eau-forte. 9 p.

454 **Silvestre** (*Israël*). Grandes Vues du château de Versailles. 7 p.

455 — Grandes Vues des Tuileries, avec les portes du grand appartement, par Chauveau. 9 p., très-belles ép.

456 — Vues de Venise. 6 pièces.

457 **Smith** *del et sculp.* (*J.-R.*). The Promenade
at Carlisle House. Jolie pièce curieuse pour
les costumes, à la manière noire.

458 **Tanche.** Les Désirs naissants, par Lebeau.
Très-belle ép.

459 **Théolon.** Jupiter et Léda, — Bacchus et Éri-
gone, par J. Marchand. Très-belles ép. avant la
lettre et l'entourage. Les mêmes, terminées.
4 p.

460 **Touzé** (*J.*). La Marchande d'œufs, — la Marchande de noisettes, par Hemery. 2 p., très-
belles ép.

461 — Tableau magique de Zemir et Azor, par
Voyez le jeune. Très-belle ép.

462 — Le Charlatan, — le Conducteur d'ours, par
Miger. 2 pièces, belles ép.

463 **Troll.** Vues du jardin des Tuileries, à l'aqua-
tinta. 8 p.

464 **Vanloo** (*C.*). Le Coucher, par Porporati. Sup.
ép. avant toutes lettres.

465 — Mme la marquise de Prix, par Chereau le
jeune. Très-beau portrait petit in-fol.

466 **Vernet** (*Carle*). La Vielleuse, — la Brodeuse,
la Boudeuse, — la Fileuse. 5 pièces coloriées.

467 — Promenade du matin, — Conversation, etc.
4 pièces par Lebas.

468 **Vernet** (*Horace*). Calèches à quatre chevaux.
2 p. en couleur, autre à la manière noire. 3 p.

469 **Véronèse** (*Paul*). Jupiter et Léda, par Aug.
de Saint-Aubin. Très-belle ép. avant la lettre.

470 **Vien**. Sacrifice au dieu Pan. Très-belle ép. avant toutes lettres.

471 **Vigée** (*Louise-Élisabeth*). La Vertu irrésolue, par Dennel. Belle ép.

472 — Mme Grassini dans le rôle de Zaïre, par W. Reynolds. Très-belle ép. en couleur.

473 **Vleughels**. La Jument du compère Pierre, par de Larmessin. Très-belle ép.

474 **Watteau** (*Antoine*). Son portrait, par Crépy fils : *Avec un air aisé, si vif et si nouveau*. Très-belle ép.

475 — L'Amour paisible, par Jac. de Favanne. Sup. ép.

476 — *Du bel âge où les Jeux remplissent vos désirs,* par J. Moyreau. Sup. ép.

477 — Le Naufrage, allégorie représentant M. de Julienne sauvant Watteau à son retour de France, par le comte de Caylus. Très-belle ép.

478 — La Chute d'eau, par Moyreau. Très-belle ép.

479 — Antoine de La Roque, par Lépicié. Très-belle ép.

480 — La Finette, — l'Indifférent, par B. Audran et Scotin. 2 p. très-belles ép. sur la même feuille.

481 — Les mêmes pièces, très-belles ép.

482 — *Belle, n'écoutez rien; Arlequin est un traître,* — *Pour garder l'honneur d'une belle,* par Cochin. 2 p. très-belles ép.

483 — Le Conteur, par C. N. Cochin. 2 exemplaires, très-belles ép.

484 — La Peinture, — la Sculpture, par Desplaces. 2 pièces en pendant; très-belles ép.

485 — L'Indifférent, par Scotin. Très-belle ép.

486 — Le Concert champêtre, par B: Audran. Sup. ép.

487 — La même pièce, très-belle ép.

488 — Mézetin, — la Sultane, par B. Audran. 2 p. très-belles ép.

489 — La Troupe italienne, — *Sous un habit de Mézetin*, par Thomassin le fils. 2 p. très-belles ép. tirées sur la même feuille.

490 — Les mêmes pièces, très-belles ép.

491 — *Sous un habit de Mézetin*. Très-belle ép.

492 — L'Aventurière, — l'Enchanteur, par B. Audran. 2 pièces en pendant, très-belles ép.

493 — Les mêmes pièces, tirées à deux sur la feuille, très-belles ép.

494 — L'Amante inquiète, — la Rêveuse, par Aveline. 2 p., très-belles ép.

495 — Le Teste à teste, par B. Audran. Sup. ép. du 1er état avant *privilége du Roy*.

496 — Le Teste à teste. — Le Rendez-vous, par B. Audran. 2 p. en pendant, très-belles ép.

497 — La Sérénade italienne, par G. Scotin. Très-belle ép.

498 — La Surprise, par B. Audran. Très-belle ép.

499 — Les Agréments de l'Été, par Joulin. Très-belle ép.

500 — La Cascade, par G. Scotin. Sup. ép.

501 — Le Bal champêtre, par Couché, avant et avec la lettre. 2 p., très-belles ép.

502 — Pomone, par Boucher. Sup. ép.

503 — Le Lorgneur, par G. Scotin. Très-belle ép.

504 — La Famille, par P. Aveline. Très-belle ép.

505 — La Danse paysanne, par B. Audran. Très-belle ép.

506 — *Voulez-vous triompher des belles*, par Thomassin. Très-belle ép.

507 — La Diseuse d'aventures, par Cars. Superbe ép.

508 — Le Sommeil dangereux, par M. Liotard. Très-belle ép.

509 — L'Accord parfait, par Baron. Très-belle ép.

510 — Le Retour de chasse (portrait de Mme de Vermenton) par B. Audran. Très-belle ép.

511 — La Collation, par J. Moyreau. Très-belle ép.

512 — La même pièce, belle ép.

513 — L'Indiscret, par Aubert. Très-belle ép.

514 — La Musette, par Moyreau. Très-belle ép.

515 — Le Bain, par Ant. Cardon. Belle ép.

516 — La Danse champêtre, par P. Dupin. Très-belle ép.

517 — Les Agréments de l'été, par Jacques de Favanes. Sup. ép.

518 — La Contredanse, par Brion. Très-belle ép.

519 — L'Assemblée galante, par Lebas. Sup. ép. avant la lettre, manque de marge.

520 — La même pièce, avec la lettre. Très-belle ép.

521 — Rendez-vous de chasse par Aubert. Très-belle ép.

522 — Louis XIV mettant le cordon bleu à Monsieur de Bourgogne, par N. de Larmessin. Très-belle ép.

523 — La même pièce.

524 — Comédiens italiens, — Comédiens françois, par Baron et Liotard. 2 p. en pendant, très-belles ép.

525 — L'Amour au théâtre italien, — l'Amour au théâtre français, par C. N. Cochin. 2 p. en pendant, très-belles ép.

526 — Départ des comédiens italiens en 1697, par L. Jacob. Très-belle ép.

527 — Diane au bain, par P. Aveline. Très-belle ép.

528 — L'Enseigne, par P. Aveline. Sup. ép.

529 — Le Passe - temps, par B. Audran. Très-belle ép.

530 — Récréation italienne, par Aveline. Très-belle ép.

531 — Les Jaloux, par G. Scotin. Très-belle ép.

532 — Pierrot content, par E. Jeaurat. Très-belle ép.

533 — Les Enfants de Bacchus, par Fessard. Très-belle ép.

534 — Fêtes au dieu Pan, par M. Aubert. Très-belle ép.

535 — La Gamme d'amour, par J.-P. Lebas. Très-belle ép.

536 — L'Ile enchantée, par J.-P. Lebas. Sup. ép.

537 — La Perspective, par Crépy. Très-belle ép.

538 — Les Champs-Élysées, par N. Tardieu. Superbe ép.

539 — Le Bosquet de Bacchus, par C. N. Cochin. Sup. ép.

540 — La Proposition embarrassante, par N. Tardieu. Très-belle ép.

541 — Entretiens amoureux, par Liotard. Très-
belle ép.

542 — La Partie carrée, par J. Moyreau. Sup. ép.

543 — L'Ile de Cythère, par de Larmessin. Très-
belle ép.

544 — Les Plaisirs pastorals, par N. Tardieu. Sup.
ép. avec la faute.

545 — L'Embarquement pour Cythère, par Tardieu. Très-belle ép.

546 — Le Triomphe de Cérès, par Crépy. Très-
belle ép.

547 — Le Bal champestre. *A Paris, chez les sieurs
Vaneck. Très-belle ép. rare.

548 — Les Plaisirs du bal, par Scotin. Très-belle ép.

549 — L'Été, — l'Automne, — l'Hiver (cette dernière double), par Moireau, J. Audran, N. de
Larmessin. 4 p., belles ép.

550 — Défilé, par Moyreau, — Retour de campagne,
par N. Cochin, — Escorte d'équipages, par Cars,
— Halte, par Moyreau. 4 p., très-belles ép.

551 — The Island of Cytherea, par V. M. Picot.
Belle ép.

552 — Le Bain, — le Docteur, etc. 7 p.

553 — Colombine et Arlequin, par J. Moyreau.
Très-belle ép.

554 — Feste bachique par Moyreau. — La Balançeuse,
par Lebas. — Partie de chasse, par G. Scotin. —
Le May, par P. Aveline. Suite de quatre pan-
neaux, très-belles ép.

555 — La Cause badine, — les Enfants de Momus,
par J. Moyreau. 2 p., très-belles ép.

556 — L'Escarpolette, par L. Crépy. Très-belle ép.

557 — Les Singes de Mars, par J. Moyreau. Très-belle ép.

558 — Le Théâtre, — le Berceau, par Huquier. 2 p., très-belles ép.

559 — Le Dénicheur de moineaux, par Boucher. Très-belle ép.

560 — Le Galant, par B. Audran. Très-belle ép.

561 — L'Amusement, — les Jardins de Cythère, par Huquier. 2 p.

562 — Arabesques détachées de différentes suites. 7 p.

563 — Croquis divers, Paysages et Figures, gravés à l'eau-forte par les plus habiles peintres et graveurs du temps, 193 p.

564 — Petites réductions. 8 p.

565 **Watteau**, *de Lille*. Un Baiser ou ta rose. — Quoi! pas même la main? par Fessard. 2 p. en pendant.

566 — Ribotte de grenadiers. — Effet de la ribotte, par Ch. Beurlier. 2 p.

567 **Whirsker**. Les Métamorphoses de Melpomène et de Thalie, ou Caractères dramatiques des comédies françoise et italienne. Suite complète de 23 pièces.

568 **Wille**. Petite Écolière, — l'Attentive, etc. 4 p.

569 **Wille** (*P.-A.*). La Curieuse, — le Bouton de rose, par Voyez l'aîné. 2 p.

570 Vues variées de Rome, antique et moderne, par Piranesi, 1748. 113 planches réunies en un volume oblong.

571 320 Vues de Rome sur 80 feuilles, par A. Franzetti, réunies en un volume oblong.

.572 Un Recueil contenant : les quatre Saisons, — les cinq Sens, — les quatre Parties du jour. — les Contes de La Fontaine, etc. En tout 42 petites réductions.

PIÈCES HISTORIQUES

SCÈNES DE MŒURS, COSTUMES, CARICATURES

573 Entretien de Louis XIV, roi de France, et de
Philippe IV, roi d'Espagne, dans l'île des Fai-
sans, en l'année 1660, gravé par Jeaurat, d'ap.
Ch. Lebrun.

574 Cérémonie du mariage de Louis XIV avec Marie-
Thérèse d'Autriche en 1660. Gravé par B. Jeaurat, d'ap. Ch. Lebrun.

575 Cérémonie de la prestation de serment de fidé-
lité entre les mains du roy, le 18 décembre 1695.
Gravé par S. Leclerc, d'ap. Ant. Pesey.

576 La Rue Quinquempoix en l'année 1720. Inventé
et gravé par A. Humblot. Pièce curieuse et rare.

577 L'auguste Cérémonie faite en la Grand-Chambre
du Parlement, Sa Majesté Louis XIV du nom,
Roy de France et de Navarre, séant en son Lit
de Justice, ordonne la déclaration de sa majo-
rité le 22 février 1723. A Paris, chez A. Maillot.

578 Réception des chevaliers de l'ordre du Saint-
Esprit, dans la chapelle de Versailles, lors de la
grande promotion du 3 juin 1724. Inventé et
gravé par J. Rigaud.

579 Préparatifs du Grand Feu d'Artifice tiré à Rome
le 30 novembre 1729 pour la naissance de Monseigneur le Dauphin. Gravé par Cochin. d'après
Panini.

580 La Lorraine réunie à la France, en l'année
1737, gravé par C.-N. Cochin, d'ap. N. Delobel.

581 Fêtes données à l'occasion du mariage de Madame Louise-Élisabeth de France, et de Don
Philippe, Infant d'Espagne, du 29 au 31 août
1739. Par J.-F. Blondel, d'après Salley. 3 pièces.

582 Feu d'artifice tiré à l'occasion du mariage de
Madame Marie-Louise Élisabeth de France avec
Don Philippe second, Infant d'Espagne, le
26 août 1739. — Feu d'artifice tiré à l'occasion
de la naissance de Monseigneur le duc de Bourgogne, le 30 décembre 1751. 2 pièces.

583 Cérémonie du Mariage de Louis Dauphin de
France avec Marie-Thérèse, Infante d'Espagne,
à Versailles, le 23 février 1745. — Décorations
du Festin et du bal donnés à cette occasion; par
Cochin père et fils. 6 pièces.

584 Vue perspective de la place Louis-le-Grand, le
13 février 1747, jour du mariage de Monseigneur
le Dauphin avec la Princesse Marie Josephe de
Saxe. Dessiné et gravé par Benoist.

585 Vue de la décoration élevée au collége de Louis-
le-Grand, en l'année 1759, pour les trajédies qui
précèdent la distribution solennelle des prix
fondés par Sa Majesté. Dessiné et gravé par
Poulleau, d'ap. Boulée.

586 Fondation pour marier dix filles, renouvelée en
1761 par les soins de Monsieur le Marquis de
l'Hopital. Gravé par J.-M. Moreau et Huquier,
d'après Gravelot.

587 Bal donné dans la salle des États à Amsterdam, le 2 juin 1768. Avant et avec la lettre. Et autres. 3 pièces.

588 Concert mécanique, inventé par R. Richard, exposé à la bibliothèque du Roi, 1769. Gravé par Delongueil d'après Ch. Eisen. Très-belle ép. d'une jolie pièce.

589 Expérience aérostatique faite à Versailles le 19 septembre 1783 par M. de Montgolfier.

590 Ascension aérostatique faite à Paris dans le jardin royal des Tuileries, le 1er décembre 1783; par MM. Charles et Robert.

591 La quatorzième expérience aérostatique de M. Blanchard, faite à Lille le 26 août 1785. — — Entrée de M. Blanchard et du chevalier Lépinard, cinq jours après leur ascension aérostatique, dans la ville de Lille. 2 pièces.

592 Divers projets sur la descente en Angleterre.

593 Coup d'œil exact de l'arrangement des peintures au salon du Louvre, en 1785. Gravé de mémoire, et terminé durant le temps de l'exposition.

594 Vue des ouvrages de peinture des artistes vivants exposés au Muséum central des arts, en l'an VIII, de la république française. Dessiné et gravé par Monsaldy et Devisme.

595 Exposition au Salon du Louvre, en 1787. P. A. Martini. *Parm. faciebat.*

596 The Exhibition of the Royal Academy, 1787. H. Rambert del. P.-A. Martini *Parm. fecit Londini.*

597 Inauguration de la statue de Louis XV, 1787;
par Hemery, d'après de Machy. Ép. d'eau-forte;
la même, terminée, **2** pièces.

598 Ouverture des États-Généraux le 5 mai 1789. —
Assemblée nationale, 4 au 5 août 1789, gravé
par Helman, d'ap. Monet. **2** pièces, coloriées.

599 Les mêmes, en noir.

600 Ouverture des États-Généraux par Louis XVI le
5 mai 1789. — Constitution de l'Assemblée nationale, le 17 juin 1789. Dessiné et gravé par
J.-M. Moreau le jeune. **2** pièces.

601 Fête de la Liberté, célébrée à Amsterdam, le
4 mars 1795. — Fête de l'alliance, célébrée à
Amsterdam le 19 juin 1795. **2** pièces.

602 Procession des disciplinans; par **J.** Tanjé. Pièce
curieuse.

603 Chaire de la paroisse de Saint-Roch; gravé par
St. Fessard, d'ap. S. Challes.

604 Tombeau de Monseigneur Pâris, pièce curieuse
et rare.

605 Cabaret de Jean Ramponaux. Très-belle épr.
A Paris, rue Saint-Hyacinthe.

606 Sa Majesté Louis XV estant accompagné de
Monsieur le duc d'Antin à la cascade de Trianon.
Gravé par Cochin, d'ap. Martin.

607 Ballet des muses, allégorie pour les menus
plaisirs du Roi. Gravé par Louis le Grand. Très-
belle épr. tirée en bleu.

608 Visite dans une bibliothèque. Intérieur d'une
salle de concert, par Van der Meer et Vinkeles,
d'après P. Barbier et J. Kuyper. 2 pièces avant
la lettre.

609 Hôtel Lambert. Vue de l'intérieur du cabinet de
l'Amour. — Vue de l'intérieur du cabinet des
Muses. — Vue perspective et intérieure de la
galerie; par Picart, d'apr. Lesueur. 3 pièces.

610 Projet d'un pont triomphal, à la gloire immor-
telle de Louis XVI. Gravé par Germain, d'après
Daubanton, avant et avec la lettre. 2 épreuves.

611 Inauguration de Louis XVI au Temple de la
Constitution. Gravé par David, d'apr. Lejeune.

612 Bienfaisance du Roy dédiée à la Patrie. Gravé
par Levasseur, d'apr. Lebarbier le jeune.

613 Les Vœux accomplis. Gravé par Simonet, d'apr.
J.-M. Moreau le jeune.

614 L'Arrivée du Roi à son palais de justice. Gravé
par Ransonnette, d'apr. Desmaisons.

615 Serment de Louis XVI à son sacre à Rheims,
le xi juin 1775. Gravé à l'eau-forte par J.-M. Moreau le jeune. Très-belle épr., vierge de marge.

616 La même pièce, très-belle épr.

617 Revue de la maison du Roi au Trou-d'Enfer; par
J.-P. Lebas, d'apr. le Le Paon. Très-belle épr.
avant la lettre.

618 La même, avec la lettre.

619 Conversation de Madame Necker avec Madame
la Princesse de Polignac. Très-jolie petite pièce.

620 Bienfaisance récompensée, médaille décernée
par la ville de Meaux à Nicolas Tronchon. Gravé
par Ponce, d'apr. Ferd. Déhon. Très-belle épr.

621 Commission du commerce et des approvision-
nements de la République. Passeport gravé par
Tilliard. 2 épr., dont une a le texte coupé.

622 Vue perspective de l'intérieur d'une des salles
de la place Louis-le-Grand, vue de l'entrée du
salon. — Vue perspective de la salle du bal,
construite dans la cour de l'Hôtel de Ville.
3 pièces, dont 2 coloriées.

623 Élévation de la colonne Vendôme, par Duplessis-
Bertaux et Courbe. Très-belle épr. avant la lettre.

624 Fontaine de la Régénération, par Duclos et Monnet, épreuve à l'état d'eau-forte. — Entrée des
troupes françaises dans une ville d'Allemagne,
par Duplessis-Bertaux et Courbe, avant la lettre.
2 pièces.

625 La Reine Marie-Antoinette se rendant à l'Hôtel
de Ville.—Feu d'artifice tiré sur la place de l'Ho-
tel-de-Ville; par J.-M. Moreau le jeune, d'après
P.-L. Moreau. 2 pièces avant la lettre, très-
belles épr.

626 Vue perspective de l'intérieur de la salle qui fait
voir le théâtre. — Vue perspective de l'intérieur
de la salle qui fait voir l'amphithéâtre; par Ber-
thaud et Poulleau. 2 pièces.

627 Fête de Virgile à Mantoue, le 24 vendémiaire
an VI. — Proclamation de la République ro-
maine, le 27 pluviose an VI. Gravé par Niquet
et Delaunay, d'ap. C. Vernet. 2 pièces.

628 Séance du Corps législatif à l'Orangerie de Saint-
Cloud, apparition de Bonaparte et journée libé-
ratrice du 19 brumaire an VIII. A Paris, chez
Descourtis.

629 Le même sujet traité différemment. En couleur.

630 Vues de la cour du Louvre, prises pendant
l'Exposition des produits de l'industrie française dans les jours complémentaires de l'an IX.
Baltard del et sculp.

631 Fête donnée par le général Berthier à Paris, le
2 germinal an IX. Piranesi *fecit;* jolie pièce,
coloriée sur trait.

632 Première et seconde Vues du cortége de Sa
Majesté Napoléon I⁰ʳ, empereur des Français, à
l'occasion de son sacre, le 11 frimaire an XIII.
2 pièces coloriées sur trait.

633 Cérémonie du mariage de l'empereur Napoléon
avec Marie-Louise d'Autriche, le 2 avril 1810.
Gravé par Augrand, d'après Marleti. 2 épreuves·
noir et couleur.

634 Sacre de Napoléon I⁰ʳ, d'après le tableau de
David. 6 pièces par différents graveurs.

635 Estampes pour le sacre de Napoléon I⁰ʳ, d'après
Isabey; par divers. 8 pièces avant la lettre.

636 Berceau du roi de Rome. 6 pièces, dont une
coloriée.

637 Illustrations historiques du château d'Eu; par
Joseph Skelton. 15 pièces. Très-belles épreuves
chine.

638 LA FON TAINE de Saint-Innocent. Gravé à
l'eau-forte d'une pointe très-exercée.

639 La Promenade : le monsieur porte un chien sous
le bras; avant la lettre, à la sanguine. A Paris,
chez Bonnet.

640 Le Stratagème amoureux, ou la toilette à la
mode. Pièce curieuse pour les coiffures.

641 Faites la paix; par Levilly. Épr. coloriée.

642 Promenade du boulevart Italien (avril 1797).
Gravé par Voysard, d'apr. Desrais. Épr. doublée.

643 Oh! c'est bien ça; par Levachez, d'apr. C. Vernet. Très-belle épr. En couleur.

644 Promenade de Longchamp, an X — 1802. Épr.
coloriée.

645 Le Thé parisien. Gravé par Adrien Godefroy,
d'apr. Harriet. Belle épr.

646 Bal de l'Opéra ; d'apr. Bosio. Épr. coloriée.

647 La même, en noir.

648 Le Sérail parisien; gravé par Blanchard, d'après
Naudet. Épr. tirée en bistre.

649 Galerie des Modes et Costumes français, des
règnes de Louis XV et Louis XVI; dessinés d'apr.
nature, par Watteau fils, Desrais, Leclerc, etc.
104 pièces.

650 Modes françaises pour les coiffures, depuis 1776
jusqu'à 1780. A Paris, chez Esnaults et Ra-
pilly. 54 pièces.

651 Galerie des Modes et Costumes français. 42 pièces, avant la lettre.

652 Modes et Coiffures des règnes de Louis XV et
Louis XVI. 46 pièces coloriées.

653 Costumes français. 21 pièces.

654 Costumes des années 1787, 1788 et 1789. 35 pièces coloriées.

655 Costumes divers. 87 pièces.

656 Magasin des Modes nouvelles françaises et anglaises. Troisième et quatrième années, 2 vol. in-8, brochés, contenant ensemble 71 planches de costumes coloriés, du 20 novembre 1787 au 21 décembre 1789.

657 Costume parisien, de l'an VI à 1822. 157 pièces.

658 Costumes de théâtre. A Paris, chez Martinet. 148 pièces.

659 Almanach des spectacles, par K... et Z... — Acteurs et Actrices en pied, représentés dans différents rôles. 66 petits portraits in-12, coloriés.

660 Costumes de théâtre, de l'Almanach des spectacles, galerie, théâtre, etc. 130 pièces.

661 Portraits et Costumes des principaux membres du Directoire. 13 pièces coloriées.

662 Bals de l'Opéra, Costumes du quadrille historique; lithographies; par J. Delacroix, H. Dupont, Devéria, Tony Johannot, etc. 17 pièces et le titre.

663 Sous ce numéro, seront vendus environ 50 bons lots d'Ecole française, portraits, vues de Paris, pièces historiques, lithographies, etc.

Renou et Maulde, imprimeurs de la Compagnie des Commissaires-Priseurs rue de Rivoli, 144.   25352

www.ingramcontent.com/pod-product-compliance
Ingram Content Group UK Ltd.
Pitfield, Milton Keynes, MK11 3LW, UK
UKHW031801170726
13836UKWH00003B/1115